BEI GRIN MACHT SICH IHR WISSEN BEZAHLT

- Wir veröffentlichen Ihre Hausarbeit,
  Bachelor- und Masterarbeit

- Ihr eigenes eBook und Buch -
  weltweit in allen wichtigen Shops

- Verdienen Sie an jedem Verkauf

Jetzt bei www.GRIN.com hochladen und kostenlos publizieren

Varianzanalyse und t-Test. Quantitativen Datenanalyse anhand einer Studentenumfrage

G R I N ☺

Bibliografische Information der Deutschen Nationalbibliothek:

Die Deutsche Nationalbibliothek verzeichnet diese Publikation in der Deutschen Nationalbibliografie; detaillierte bibliografische Daten sind im Internet über http://dnb.d-nb.de abrufbar.

ISBN: 9783346727992
Dieses Buch ist auch als E-Book erhältlich.

© GRIN Publishing GmbH
Nymphenburger Straße 86
80636 München

Alle Rechte vorbehalten

Druck und Bindung: Books on Demand GmbH, Norderstedt Germany
Gedruckt auf säurefreiem Papier aus verantwortungsvollen Quellen

Das vorliegende Werk wurde sorgfältig erarbeitet. Dennoch übernehmen Autoren und Verlag für die Richtigkeit von Angaben, Hinweisen, Links und Ratschlägen sowie eventuelle Druckfehler keine Haftung.

Das Buch bei GRIN: https://www.grin.com/document/1273739

Einsendeaufgaben

A1-A3

Alternative A- Quantitative Datenanalyse

abgegeben am 29.01.2020

SRH Fernhochschule

Modul: Quantitative Datenanalyse

Studiengang: B. Sc. Psychologie

Inhaltsverzeichnis

Abkürzungsverzeichnis

ANOVA	Analysis of Variance
AV	abhängige Variable
A1	Alternativhypothese
H0	Nullhypothese
KV	Kriteriumsvariable
MLR	Multiple lineare Regression
PV	Prädiktorvariable
UV	unabhängige Variable
VA	Varianzanalyse

Abbildungsverzeichnis

Tabellenverzeichnis

Anlagenverzeichnis

Teilaufgabe – A1

1 Varianzanalyse

1.1 Beschreibung der Varianzanalyse

Die Varianzanalyse (VA) ist ein inferenzstatistisches Instrument und zählt zu den parametrischen Verfahren. Wörtlich übersetzt bedeutet sie (altgriech.) „Zerlegung von Streuung" (Hussy; Schreier; Echterhoff, 2013, S.182). Die VA geht zurück auf einen berühmten Statistiker namens Sir Ronald Aylmer Fisher des 20 Jahrhunderts und ist eng verwandt mit dem t-Test-Verfahren. Die VA ist ein bekanntes Signifikanztestverfahren und stellt eine Sonderform der Multiplen Regression dar. Der hauptsächliche Anwendungsbereich liegt in der Auswertung von Experimenten, da die unabhängige Variable (UV) nominalskaliert ist und so ein kontrollierter Vergleich mehrerer Gruppen, hinsichtlich der abhängigen Variable (AV), erfolgen kann (Schäfer, 2016, S.217). In SPSS wird die Varianzanalyse auch ANOVA (Analysis of Variance) abgekürzt (Raab-Steiner; Benesch, 2015, S.158). Im Gegensatz zum t-Test, ist es der VA möglich eine Variation mehrerer Mittelwerte zu untersuchen, das durch verschiedene Varianzen geschieht und aus diesem Vergleich von Varianzen ein Urteil über einen möglichen Effekt gefällt wird (Rasch; Friese; Hofmann; Naumann, 2014, S.5). Die Begründung, weshalb eine t-Testung, beispielsweise, ab drei Gruppen keine Alternative darstellt, liegt in der exponentiellen α- Fehlerkumulierung, die bei multiplen t-Testungen auftreten würde und damit die statistische Wahrscheinlichkeit, die „falsche" Alternativhypothese anzunehmen, steigt (Rasch et al., 2014, S.3). Ergänzend schwächen multiple t-Tests auch die Teststärke (Bühner; Ziegler, 2017, S.374-375).

Die VA vergleicht folglich Mittelwerte, indem sie verschiede Varianzen miteinander vergleicht und sich daraus folgende Quadratsummenzerlegung ergibt: Die Gesamtvarianz aller Messwerte, die durch die Abweichung des Gesamtmittelwertes (Durchschnitt aller Versuchspersonen) berechnet wird, nennt sich *Quadratsumme-total*, die wiederum in die *Quadratsumme-innerhalb* und *Quadratsumme-zwischen* zerlegt wird. *Quadratsumme-innerhalb* beschreibt die Streuung der Messwerte innerhalb der Stichprobe, wobei es um die

Variabilität der Stichprobenwerte um den jeweiligen Gruppenmittelwert geht. *Quadratsumme-zwischen* beschreibt die Differenz der jeweiligen Populationsmittelwerte, wobei es um die Variabilität des Gesamtmittelwertes geht. Es berechnen sich dadurch zwei Varianzschätzungen: *Varianzschätzung-innerhalb* und *Varianzschätzung-zwischen*. Die Nullhypothese geht von Gleichheit der Varianzschätzungen aus, hingegen die Alternativhypothese annimmt, dass die *Varianzschätzung-zwischen* größer ausfällt und sich die Mittelwerte der Gruppen überzufällig voneinander unterscheiden (Raab-Steiner; Benesch, 2015, S.158-159).

Bevor mit der VA-Analyse begonnen werden kann, müssen erst zwei Hypothesen (s. Tabelle 1) formuliert werden. Es ist zu beachten, dass die VA nur ungerichtete Hypothesen testen kann (Leonhart, 2017, S.404).

H0-Nullhypothese	Es bestehen keine Unterschiede zwischen den untersuchten Gruppen (Stichproben).
A1-Alternativhypothese	Es bestehen signifikante Unterschiede zwischen den untersuchten Gruppen (Stichproben).

Tabelle 1: Formulierung der Hypothesen der Varianzanalyse
(Quelle: Eigene Darstellung)

1.2 Fragestellungen und Einsatzfelder

Die VA kann für verschiedene Fragestellungen zum Einsatz kommen. Beispielsweise kann in der Medizin, die Frage aufkommen, ob ein neues Behandlungsverfahren effektiver ist, als eine bereits existierende Therapiemaßnahme oder bestimmte Medikamentengruppen. Für Marktforschungszwecke könnte die Wahrnehmung von Konsumenten zu zwei Verpackungsformen zu einem neuen Produkt interessant sein, die dieses, nach Attraktivität, Nützlichkeit und Kaufbereitschaft, bewerten. Im Bereich des Personalmanagements können zwei Abteilungen, aus zwei verschiedenen Firmenstandorten, hinsichtlich ihres Leistungs-Outcomes getestet werden. Darüberhinausgehend gibt es noch viele weitere Fragestellungen, wenn zwei oder mehr unabhängige Populationen miteinander verglichen werden sollen (Backhaus; Erichson; Plinke; Weiber, 2018, S.164).

1.3 Voraussetzungen der Varianzanalyse

Die Autoren Bühner und Ziegler (2017, S.380) nennen folgende Voraussetzungen, um die ANOVA sinnvoll anwenden zu können: Intervallskalenniveau: Die Daten müssen ein metrisches Skalenniveau aufweisen, da für die VA arithmetrische Mittel und Varianzen benötigt werden. Dies gilt besonders für die AV.

Normalverteilung: Aus der intervallskalierten Voraussetzung der Daten ergibt sich die Forderung, dass die Daten der Grundgesamtheit normalverteilt sein müssen.

Varianzhomogenität: Dies ist eine wichtige Voraussetzung der VA, das die Varianzen innerhalb einer Population gleich sein müssen. Die Hypothese der Varianzhomogenität lässt sich mithilfe verschiedener Tests prüfen. Sollte diese Voraussetzung verletzt sein, reagiert die ANOVA relativ robust bei gleich großen Stichproben.

Grundsätzlich sollte, absolute Unabhängigkeit bzw. keine Abhängigkeit, in den Daten, vorliegen. Außerdem sollten mindestens 20 Elemente pro Stichprobe (Gruppe) vorhanden sein (Bühner; Ziegler, 2017, S.380). Leonhart (2017, S.393) kritisiert jedoch, die in der Literatur häufige getätigte Aussage, dass die VA relativ robust gegenüber Verletzungen ihrer Voraussetzungen reagiere. Die Robustheit ist nur bei gleichgroßen Stichproben gegeben und wenn maximal eine Voraussetzung verletzt ist.

1.4 Analysearten der Varianzanalyse

Die Klassifikation der Varianzanalysen ist, je nach Abhängigkeit der Stichproben, Anzahl der unabhängigen Variablen (Faktoren) sowie der Anzahl der Faktorenstufen, der UV und die Anzahl der AV unterschiedlich, weshalb verschiedene Analysearten der ANOVA unterschieden werden (Hussy et al., 2013, S.182-183).

Leonhart (2017, S.385) nennt folgende Analysearten:

> einfaktorielle Varianzanalyse mit festen Effekten
>
> mehrfaktorielle Varianzanalyse mit festen Effekten
>
> Varianzanalyse mit zufälligen und gemischten Effekten
>
> Varianzanalyse mit Messwiederholung
>
> Kovarianzanalyse
>
> Multivariate Varianzanalyse

Im Folgenden wird die einfaktorielle VA anhand eines, selbst ausgedachten, Beispiels illustriert und die anderen Analysearten im Anschluss kurz erläutert.

Die *einfaktorielle VA mit festen Effekten* untersucht den Einfluss einer nominalskalierten UV, die mindestens aus zwei Faktorenstufen besteht, auf eine AV (Leonhart, 2017, S.386).

Beispiel:
Der Deutsche Sportbund hat Unterschiede in der Laufleistung bei 100 Langstreckenläufern festgestellt. Es soll untersucht werden, ob diese Unterschiede, anhand der Schuhmarke der Läufer, erklärbar sind. Um die Unterschiede nun näher zu untersuchen, wird die Schuhmarke der Laufschuhe als Faktor (UV) eingesetzt. Die Faktorenstufen sind die verschiedenen Marken: Nike, Adidas, Reebok und Asics. Es handelt sich somit um einen vierfach-gestuften Faktor (Eid; Gollwitzer; Schmitt, 2017, S.391). Erfolgt nun eine einfaktorielle ANOVA Berechnung in SPSS und werden, beispielsweise, signifikante Unterschiede in den Mittelwerten, durch die F-Testung festgestellt, kann jedoch keine Aussage getroffen werden, welche Mittelwerte sich, signifikant, voneinander unterscheiden, da es sich bei der Analyse, um mehr als zwei Schuhmarken handelt. Um nun die Frage, welche Mittelwerte Unterschiede aufweisen, beantworten zu können, gibt es verschiedene Lösungsansätze, wie z.B. die orthogonalen oder non-orthogonalen Kontraste sowie die Post-hoc Tests, die anstelle einer F-Testung erfolgen können (Leonhart, 2017, S.417). Eine geeignetere Alternative wären z.B. orthogonale Kontraste (auch unabhängige Kontraste), die bereits zu Beginn formuliert werden, da nachträglich keine Änderungen mehr erfolgen können. Sie untersuchen welche Gruppenmittelwerte sich in welche Richtung voneinander unterscheiden und

erfordern keine α-Fehlerkorrektur (Leonhart, 2017, S.417). Die non-orthogonalen Kontraste (auch abhängigen Kontraste) werden hingegen nicht selbst formuliert, sondern von SPSS vorgegeben und eigenen sich auch nicht für jede Fragestellung. Zudem erfordern sie eine α-Fehlerkorrektur nach Bonferroni. Kommt diese Alternative nicht in Frage, würde sich noch die Post-Hoc-Testung anbieten. Bevor die Wahl jedoch auf einen Post-Hoc-Test fällt, sollte gut abgewogen werden, ob die Teststärke durch abhängige Kontraste nicht stärker ausfallen würde. Post-hoc-Tests erfolgen, wenn keine Hypothesen über spezifische Mittelwertdifferenzen formuliert werden können. Sie fordern, im Gegensatz zu Kontrasten, keine Unabhängigkeit der vorgenommenen Mittelwertvergleiche (Leonhart, 2017, S.422-424).

Die *mehrfaktorielle VA mit festen Effekten* berücksichtigt mehrere nominalskalierte UV, mindestens jedoch zwei, mit jeweils mindestens zwei Faktorenstufen und einer intervallskalierten AV. Der Unterschied zur einfaktoriellen VA ist, das noch ein weiterer Faktor und eine UV hinzugefügt werden. Auch hier wird untersucht, ob sich die Mittelwerte der Gruppen signifikant vom ersten oder zweiten Faktor unterscheiden. Außerdem kann auch der Einfluss von Kombinationen beider Faktoren auf die AV geprüft werden. Die Aussage „feste Effekte" meint, dass keine Zwischenstufen, zwischen den nominalskalierten Faktorvariablen, möglich sind (Leonhart, 2017, S.386).

Die *VA mit zufälligen und gemischten Effekten* setzt sich zusammen aus ein oder mehreren UV, wobei es auch intervallskalierte, unabhängige mit mindestens zwei Faktorstufen geben kann und einer AV. Es existieren keine praktischen Unterschiede bei der Durchführung einer einfaktoriellen VA mit festen Effekten oder mit zufälligen Effekten. Die Abstufungen des zufälligen Faktors sind jedoch nicht fest definiert. Vorteilig ist, dass die Ergebnisse auch auf nicht erhobene Faktorenausprägungen generalisiert werden können (Leonhart, 2017, S.386).

Die *VA mit Messwiederholung* besteht aus einer nominalskalierten UV mit mindestens zwei Stufen, die die Messzeitpunkte beschreibt und eine intervallskalierte AV, die mehrmals erhoben wird. Diese VA wird gehäuft bei Studien mit Kontroll- und Experimentalgruppen eingesetzt, die mehrere

Messwiederholungen benötigen. Ganz typisch wären z.B. Prä- und Postmessungen von Studien (Leonhart, 2017, S.387).

Die *Kovarianzanalyse* gibt eine oder mehrere nominalskalierte UV mit mindestens zwei Stufen als Faktoren und eine intervallskalierte Kovariante sowie eine intervallskalierte AV. Es ist ein Kombinationsverfahren aus VA und Regressionsanalyse, das zusätzlich noch den Einfluss einer sogenannten Störvariable (auch Kovariante) berücksichtigt (Leonhart, 2017, S.387).

Die *Multivariante VA* hat eine oder mehrere intervallskalierte UV mit mindestens zwei Stufen und mehrere intervallskalierte AV. Dieses Analyseverfahren ist besonders bei einer hohen Korrelation zweier AVs geeignet und muss nur einmal gemessen werden, dass die α-Fehlerkumulierung erheblich senkt (Leonard, 2017, S.388).

1.5 Effektarten der mehrfaktoriellen Varianzanalyse

Nach Leonhart (2017, S.435-438) lassen sich, bei einer zweifaktoriellen VA, drei Effektarten unterscheiden: Haupteffekte, Zelleneffekte und Interaktionseffekte. Die *Haupteffekte* beschreiben den Einfluss des Faktors A auf die AV, unabhängig von dem Faktor B. Es werden die Unterschiede zwischen den Stufenmittelwerten des Faktors A über die Stufen des Faktors B gemittelt. Die *Zelleneffekte* bilden sogenannte Zellen, die durch verschiedene Kombinationsstufen der Faktoren entstehen. Die Zusammensetzung der Faktorenstufen kann sich bei der mehrfaktoriellen mit zwei Faktoren, z.B.: den Faktor A mit p Stufen, Faktor B mit q Stufen. Das heißt, es ergeben sich Faktorenstufenkombinationen aus (p · q), die als Zellen des Versuchsplans bezeichnet werden und Zellenmittelwerte bilden, die sich signifikant vom Gesamtmittelwert unterscheiden können. Diese Zelleneffekte allein sind jedoch wenig aussagekräftig, da sie durch die Haupt- und Interaktionseffekte begründet sein können. Einzig der Einfluss der Interaktionseffekte mit bereinigten Haupteffekten erlauben eine Bewertung. Die *Interaktionseffekte* sind eine Kombination der Faktorenstufen und können für jede Zelle bestimmt werden, wobei der partielle Einfluss der Haupteffekte aus den Zelleneffekten herausgerechnet wird. Die Interaktionseffekte können bedeutsame Merkmalskombinationen herausfinden und zeigen Effekte, die mit mehreren einfaktoriellen Varianzanalysen nicht aufkommen würden.

1.6 Vorgehen der mehrfaktoriellen Varianzanalyse in SPSS

Exemplarisch wird nun eine mehrfaktorielle VA, mithilfe von SPSS, mit wenigen Screenshots, durchgeführt. Es wird der Datensatz EPS_1.sav verwendet, der von 100 befragten Studierenden handelt, die Angaben zu Persönlichkeitsmerkmalen und Gesundheitszustand, gemacht haben.

Der SPSS-Befehl lautet: ANALYSIEREN –> ALLGEMEINES LINEARES MODELL-> UNIVARIATE (Eid, Gollwitzer, Schmitt, 2017, S.430). Es erscheint ein Hauptfenster (s. Abbildung 1), indem die AV (hier: *BFI Gewissenhaftigkeit*) und die festen Faktoren (hier: Geschlecht, Studienfach und Altersgruppen) ausgewählt werden. Mittels der ANOVA wird der Fragestellung nachgegangen, ob sich anhand der Faktoren (Gruppen) die Mittelwerte insgesamt voneinander unterscheiden. Das heißt, ob es, beispielsweise, hinsichtlich des Globalwertes (*BFI Gewissenhaftigkeit*) Effekte des Geschlechts, des Studiengangs oder der Altersgruppen gibt oder sich eine Wechselwirkung (Interaktion), zwischen den Faktoren, zeigt.

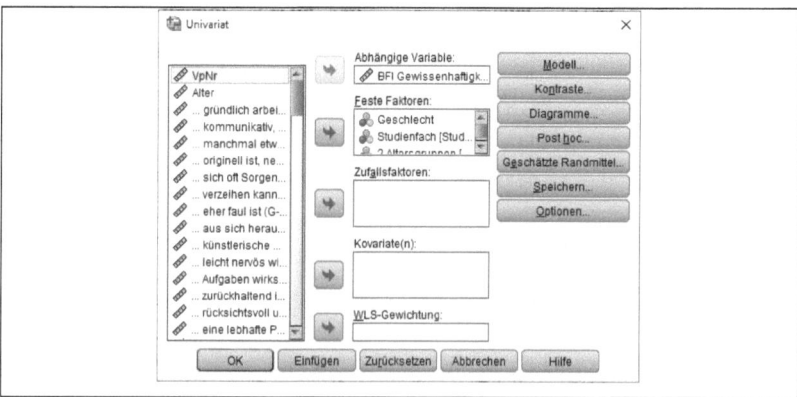

Abbildung 1: Univariat Dialogbox ANOVA

(Quelle: SPSS-Ausgabe)

Nach Auswahl der Variablen wird unter <OPTIONEN> ein Häkchen bei <Deskriptive Statistik>, <Schätzungen der Effektgröße> und <Homogenitätstest> gesetzt (s. Abbildung 2).

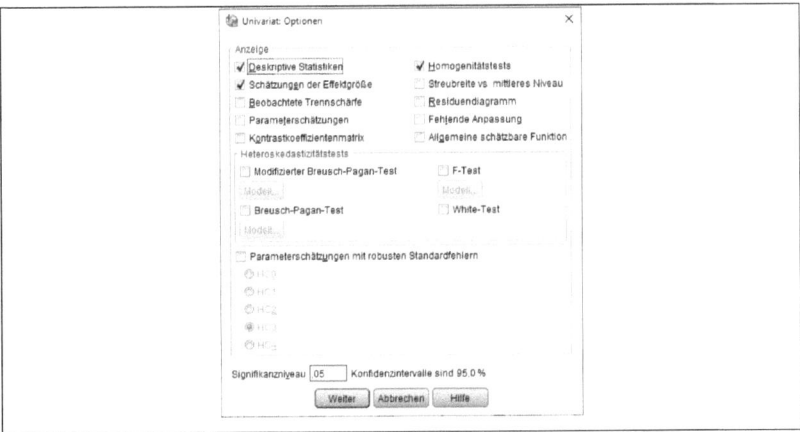

Abbildung 2: Univariat Optionen ANOVA

(Quelle: SPSS- Ausgabe)

Unter <Geschätzte Randmittel> (s. Abbildung 3) wird die Faktorenkombination <Geschlecht*Studium*pill_sum> ausgewählt. Die Berechnung wird nach bestätigen durch <OK> gestartet und es öffnet sich die SPSS-Ausgabe (Budischewski, 2015, 114-116).

Abbildung 3: Univariat Geschätzte Randmittel ANOVA

(Quelle: SPSS-Ausgabe)

Im ersten Fenster (s. Anlage 1) werden die Faktoren und ihre Faktorenstufen aufgelistet. Die zweite Ausgabe (s. Anlage 2) zeigt die deskriptive Statistik, wie Mittelwerte und Standardabweichungen des Globalwertes für die jeweiligen Faktorengruppen ausfallen. Anlage 3 zeigt die Geschätzten Randmittel, die hier nicht näher beschrieben werden.

1.7 Interpretation der ANOVA-Ergebnisse

Die Durchführung der mehrfaktoriellen VA ergab folgende Ergebnisse: In Tabelle 2 ist ein Signifikanzwert von p=0,433 abzulesen, der über dem Signifikanzniveau 0,05 liegt und somit von Varianzhomogenität ausgegangen werden kann und die Voraussetzung erfüllt ist (Bühl, 2016, S.535).

Levene-Test auf Gleichheit der Fehlervarianzen[a,b]

		Levene-Statistik	df1	df2	Sig.
BFI Gewissenhaftigkeit	Basiert auf dem Mittelwert	1,031	15	84	,433
	Basiert auf dem Median	,544	15	84	,908
	Basierend auf dem Median und mit angepaßten df	,544	15	45,935	,901
	Basiert auf dem getrimmten Mittel	1,007	15	84	,456

Tabelle 2: Levene-Test auf Varianzhomogenität

(Quelle: SPSS-Ausgabe)

Die Tabelle 3 zeigt, dass der Wert für den Haupteffekt von Geschlecht p=0,724 ist und es keinen statistisch-signifikanten Unterschied der Gruppen gibt. Die Nullhypothese kann folglich nicht abgelehnt werden. Das Gleiche gilt für die p-Werte von Studium (p=0,917) und Altersgruppe (p=0,457). Auch hier besteht kein signifikanter Unterschied und die Nullhypothese kann nicht abgelehnt werden (Bühl, 2016, S.534).

Tests der Zwischensubjekteffekte

Abhängige Variable: BFI Gewissenhaftigkeit

Quelle	Quadratsumme vom Typ III	df	Mittel der Quadrate	F	Sig.	Partielles Eta-Quadrat
Korrigiertes Modell	6,297[a]	15	,420	,968	,496	,147

Konstanter Term	1405,432	1	1405,432	3240,143	,000	,975
Geschlecht	,054	1	,054	,125	,724	,001
Studium	,221	3	,074	,170	,917	,006
alter_g	,242	1	,242	,558	,457	,007
Geschlecht * Studium	1,269	3	,423	,975	,408	,034
Geschlecht * alter_g	,585	1	,585	1,349	,249	,016
Studium * alter_g	3,710	3	1,237	2,851	,042	,092
Geschlecht * Studium * alter_g	,938	3	,313	,721	,542	,025
Fehler	36,436	84	,434			
Gesamt	2311,667	100				
Korrigierte Gesamtvariation	42,732	99				

Tabelle 3: Ergebnisse der mehrfaktoriellen Varianzanalyse

(Quelle: SPSS- Ausgabe)

Ausschließlich für den Interaktionsterm „Studium *Altersgruppe" mit p=0,042 lässt sich ein signifikanter Interaktionseffekt feststellen. Das heißt, dass die *BFI Gewissenhaftigkeit* durch das Studienfach und die Altersgruppe beeinflusst wird. Das Ergebnis der Wechselwirkung zwischen Studienfach und Altersgruppe teilt jedoch nichts über die Richtung der Interaktion mit, sondern nur das eine vorhanden ist. Unter der Verwendung eines Interaktionsdiagramms könnte diese näher untersucht werden (Hanna, Dempster, 2017, S.295).

Teilaufgabe - A2

2 Der t-Test

2.1 Beschreibung und methodische Grundlagen des t-Test

Der t-test ist eine statistische Methode und gehört zu der Gruppe der parametrischen bzw. inferenzstatistischen Testverfahren (Hussy; Schreier; Echterhoff, 2013, S.182). Es werden, nach Bortz und Schuster (2010, S.117) drei Varianten unterschieden:

> ➢ 1-Stichproben t-Test
> ➢ t-Test für abhängige Stichproben (z.B. bei Messwiederholung)
> ➢ t-Test für unabhängige Stichproben (z.B. von Männern und Frauen).

Das folgende Kapitel betrachtet den t-Test für unabhängige Stichproben. Dieser Hypothesentest testet, systematisch, ob es einen signifikanten Unterschied zwischen zwei Mittelwerten von zwei unabhängigen Gruppen gibt (Kuckartz; Ebert; Rädiker; Schehl, 2013, S.159). Der wichtigste Parameter ist der sogenannte Stichprobenkennwert des t-Test, der die Differenz der Mittelwerte angibt und als Entscheidungshilfe dient, ob ein zufälliger oder bedeutsamer Unterschied im Mittelwert zwischen den zwei Stichproben vorliegt. Je größer der t-Wert ist, unabhängig von dessen Vorzeichen, desto größer ist der Unterschied zwischen den Stichproben (Rasch; Friese; Hofmann; Naumann, 2014, S.34). Sollte eine Fragestellung aufkommen, die den Vergleich von Mittelwerten aus mehr als zwei Gruppen fordert, ist die Varianzanalyse, das geeignetere Verfahren, da beim t-Test die α-Fehlerkumulierung bei Mehrfachtestung auftritt und dies auch die Teststärke beeinträchtigt (Bühner; Ziegler, 2017, S374). Der t-Test kann über den SPSS-Befehl <Analysieren> <Mittelwerte vergleichen> <t-Test bei unabhängiger Stichprobe> in SPSS aufgerufen und berechnet werden (Hanna; Dempster, 2017, S.264). Die Formulierung der Hypothese eines t-Test kann gerichtet (einseitig) oder ungerichtet (zweiseitig) sein. Die ungerichtete Hypothese beschreibt jedoch lediglich einen Unterschied zwischen zwei Gruppen, hingegen die gerichtete Hypothese auch eine Aussage über die Richtung des Unterschieds postuliert (Bühner; Ziegler, 2017, S295).

Der t-Test für unabhängige Stichproben kann mit folgenden Hypothesen (s. Tabelle 4) überprüft werden:

	Nullhypothese (H0)	Alternativhypothese (A1)
ungerichtet (=zweiseitig)	$\mu1 = \mu2$	$\mu1 \neq \mu2$
gerichtet (=einseitig)	$\mu1 > / < \mu2$	$\mu1 \geq / \leq \mu2$

Tabelle 4: Hypothesen des t-Test
(Quelle: In Anlehnung an Bühner; Ziegler, 2017, S.296)

2.2 Einsatzfelder im psychologischen Kontext

Der t-Test findet häufig in vielen empirischen Sozialwissenschaften Anwendung und hat auch im Rahmen von psychologischen Fragestellungen typische Einsatzfelder, wie beispielsweise der Vergleich einer Vielzahl an Samples, wie z.B. Männer vs. Frauen, Experimental- vs. Kontrollgruppen, Therapieform A vs. Therapieform B, Marketingstrategie A vs. Marketingstrategie B u.v.m. (Leonhart, 2017, S.220). Ein typischer Geschlechtsvergleich wäre z.B., ob es Unterschiede bei Männern und Frauen hinsichtlich ihres Intelligenzquotienten gibt.

2.3 Voraussetzungen des t-Test für unabhängige Stichproben

Der t-Test benötigt folgende mathematische Voraussetzungen, um angewendet werden zu können: Die Messwerte müssen intervallskaliert und das untersuchte Merkmal muss in beiden Populationen normalverteilt sein. Ebenso sollte Varianzhomogenität bestehen, d.h. dass die Populationsvarianzen, aus denen die beiden Stichproben stammen, gleich groß sind. Das Vorliegen einer Varianzhomogenität kann mit der Durchführung eines F-Tests nach Fisher oder eines Levene-Tests geprüft werden. Zusätzlich ist noch bei einem t-Test mit unabhängigen Stichproben wichtig, dass die Gruppen unabhängig sind (Bühner; Ziegler, 2017, S.301-303).

Nach Bortz und Schuster (2010, S.122) geht aus der Monte-Carlo-Studie hervor, dass der t-Test robust auf Verletzungen seiner Testvoraussetzungen reagiert. Hauptsächlich, „[...] wenn gleich große Stichproben aus ähnlichen, möglichst eingipflig-symmetrisch verteilten Grundgesamtheiten verglichen werden." (Bortz; Schuster, 2010, S.122). Solange die Varianzen gleich sind, können die Stichprobenumfänge unterschiedlich sein und beeinträchtigen nicht die Genauigkeit des t-Tests. Sind jedoch, weder die Varianzen, noch die Stichprobenumfänge gleich, ist die Wahrscheinlichkeit für Fehlentscheidungen sehr hoch (Bortz; Schuster, 2010, S.122). Daher sollte die Vereinbarkeit von Mittelwerten aus unabhängigen Populationen, mit einem F-Test nach Fisher oder Levene-Test, durchgeführt werden (Leonhart, 2017, S.227). Der F-Test nach Fisher kann jedoch nur manuell berechnet werden, da SPSS lediglich den Levene-Test berechnet. Dieser ist im Vergleich zum F-Test nach Fisher, konservativer und wird nicht so leicht signifikant (Leonhart, 2017, S.221). Wenn der Levene- Test ein signifikantes Ergebnis (p>0,05) zeigt, ist die Voraussetzung für den t-Test verletzt und die Varianzen sind nicht gleich (Hanna; Dempster, 2017, S.267). Je nach Ergebnis des F-Tests kann der t-Test für homogene oder der t-Test für heterogene Varianzen (auch Welch-Test) durchgeführt werden (Leonhart, 2017, S.220-222).

2.5 Alternativverfahren bei Voraussetzungsverletzung

Eine Alternative für den t-Test für unabhängige Stichproben stellt das nicht-parametrische Äquivalent, der Mann-Whitney U-Test, dar. Dieses Verfahren hat den Vorteil eine große Voraussetzungsfreiheit zu besitzen. Der U-Test prüft, genau wie der t-Test, ob es Unterschiede in zwei unabhängigen Stichproben bezogen auf die AV, gibt oder nicht. Der Unterschied zum t-Test liegt jedoch darin, dass der U-Test die Messwerte nicht direkt analysiert, sondern nur die Rangreihen zugeordneten und dadurch auch an Teststärke im Vergleich zum t-Test verliert (Rasch et al., 2014, S.94).

Teilaufgabe – A3

3 Befragung von 100 Studierenden

3.1 Beschreibung der Stichprobe

Eine Datenanalyse startet immer mit einer Stichprobenbeschreibung und gibt Aufschluss darüber wie viele Personen untersucht wurden und wie sich diese Stichproben zusammensetzen (Budischewski; Kriens, 2015, S.68). Im dritten und letzten Kapitel dieser Arbeit erfolgt daher die deskriptive und inferenzstatistische Analyse des Datensatzes EPS_1.sav. Es handelt sich um eine Umfrage von 100 Studierenden, die zu verschiedenen Persönlichkeitsmerkmalen und zu ihrer Gesundheit befragt wurden.

3.1.1 Geschlecht

Durch den SPSS-Befehl: ANALYSIEREN-> DESKRIPTIVE STATISTIK->HÄUFIGKEIT wird die deskriptive Statistik aufgerufen. Im Hauptdialogfeld wird die Variable „Geschlecht" ausgewählt. Der Vorgang wird mit <OK> bestätigt, wonach die Ausgabe von SPSS (s. Tabelle 5) erscheint (Schäfer, 2016, S.52).

Statistiken

Geschlecht

N	Gültig	100
	Fehlend	0
Mittelwert		1,71
Median		2,00
Modus		2
Std.-Abweichung		,456
Varianz		,208
Minimum		1
Maximum		2

Tabelle 5: Statistik-Geschlecht

(Quelle: SPSS-Ausgabe)

Laut Tabelle 5 haben $N=100$ Studierende an der Befragung teilgenommen, wovon es null fehlende Werte gibt. Das Geschlecht wurde jeweils mit der Ausprägung 1=männlich und 2=weiblich kodiert und ist eine nominal, dichotome

Variable. Der Modalwert beträgt 2 und zeigt, dass mehr weibliche als männliche Personen an der Umfrage teilgenommen haben. Die Stichprobe von 100 Studierenden setzt sich zusammen aus 71 Frauen und 29 Männern. Dies bestätigt auch Anlage 4 (71% Frauen; 29% Männer).

3.1.2 Alter

Die SPSS- Tabelle 6 zeigt das 100 Befragte gültige Angaben gemacht haben und es keine fehlenden Werte gibt. Es zeigt sich, dass der Durchschnitt etwa 24 Jahre alt ist mit einer Standardabweichung von 6,213. Es werden auch die Streuungsparameter sichtbar, wonach der jüngste Teilnehmer 18 Jahre alt und der Älteste 55 Jahre alt ist. Dieser Bereich, zwischen Minimum und Maximum, wird auch Range, Spannweite oder Variationsbreite genannt (Leonhart, 2017, S.57). Der Median mit dem Wert 22 besagt, dass bei dem Alter von 22 Jahren, links und rechts, 50% der Stichprobe liegen.

Statistiken

Alter

N	Gültig	100
	Fehlend	0
Mittelwert		24,36
Median		22,00
Modus		20
Std.-Abweichung		6,213
Varianz		38,596
Minimum		18
Maximum		55

Tabelle 6: Statistik-Alter

(Quelle: SPSS-Ausgabe)

Das zweite Ausgabefenster von SPSS „Alter" (s. Anlage 5) zeigt, dass 19% der Personen 20 Jahre alt sind, 15% der Befragten sind 21 Jahre alt, und 11% sind 22 Jahre alt. Die meisten der Studierenden sind folglich unter 25 Jahre alt.

3.1.3 Positive Affektivität PANAS und Negative Affektivität PANAS

Es werden die Variablen Positive Affektivität PANAS und Negative Affektivität PANAS beschrieben. Während zu Positiver Affektivität Stimmungen, wie glücklich sein, Freude und Enthusiasmus gehören, beschreibt Negative Affektivität Gefühlszustände, wie Traurigkeit, Depression, Furcht und Feindseligkeit (Wittchen; Hoyer, 2011, S.177).

Um die Statistik für Häufigkeitsverteilung in SPSS zu berechnen, wird die gleiche Vorgehensweise, wie in den Abschnitten, 3.1.1 und 3.2.1, angewandt. Das Ausgabefenster „Statistiken" zeigt (s. Tabelle 7), dass bei beiden Variablen 99 Befragte gültige Angaben gemacht haben und es jeweils einen fehlenden Wert gibt.

Statistiken

		Positive Affektivität PANAS	Negative Affektivität PANAS
N	Gültig	99	99
	Fehlend	1	1
Mittelwert		3,3756	1,7626
Median		3,4000	1,6000
Modus		3,70	1,50
Std.-Abweichung		,44392	,55871
Varianz		,197	,312
Minimum		2,20	1,00
Maximum		4,60	3,90

Tabelle 7: Statistik-Positiver und Negativer Affektivität PANAS

(Quelle: SPSS- Ausgabe)

Die Spannweite der Variable *Positive Affektivität PANAS* (s. Tabelle 7) liegt zwischen 2,20 und 4,60. Der häufigste Wert beträgt 3,70 und betrifft 12% der befragten Studierenden (s. Anlage 6). Wie in Anlage 6 zu sehen, erreichten 11 Personen den Wert 3,50 und 10 Personen den Wert 3,30. Links und rechts des Wertes 3,40 liegen jeweils 50% der Stichprobe. Der durchschnittliche Wert beträgt 3,3756 mit einer Standardabweichung von rund 0,444. Jeweils eine

Person erreichte den niedrigsten Wert von 2,20 und den Höchstwert von 4,60 (s. Anlage 6).

In Abbildung 4 wird die Häufigkeitsverteilung der Variable Positive Affektivität PANAS nochmals graphisch, in Form eines Balkendiagramms, veranschaulicht.

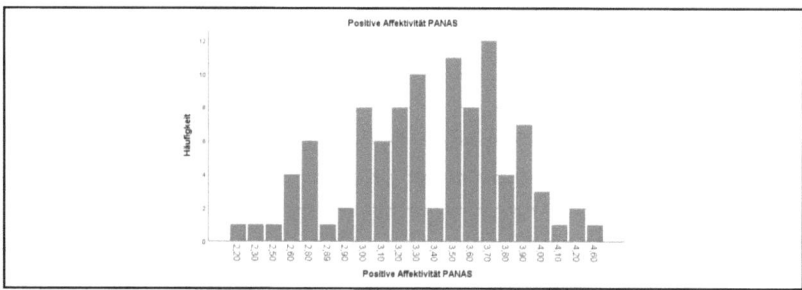

Abbildung 4: Balkendiagramm der Variable „Positive Affektivität"
(Quelle: SPSS-Ausgabe)

Die Range der Variable **Negative Affektivität PANAS** (s. Tabelle 7) liegt zwischen 1,00 bis 3,90. Der häufigste Wert beträgt 1,50 und betrifft 11% der Befragten (s. Anlage 7). Wie in Anlage 7 zu sehen ist, erreichten 9 Personen den Wert 1,70 und jeweils 8 Personen die Werte 1,20 und 1,30. 50% der Stichprobe liegen links und rechts neben dem Wert 1,60. Der Durchschnittswert beträgt 1,7626 mit einer Standardabweichung von rund 0,559. Drei Personen erreichten den niedrigsten Wert von 1,0 und eine Person erreichte den höchsten Wert von 3,90 (s. Anlage 7). Das nachfolgende Balkendiagramm (s. Abbildung 5) zeigt die Häufigkeitsverteilung für die Variable „Negative Affektivität PANAS".

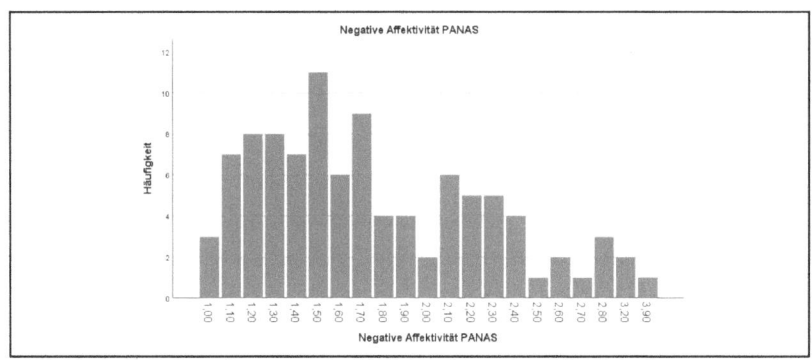

Abbildung 5: Balkendiagramm der Variable „Negative Affektivität"

(Quelle: SPSS-Ausgabe)

Der Vergleich der beiden Variablen Positive Affektivität PANAS und Negative Affektivität PANAS zeigt, dass bei der Positiven Affektivität höhere Werte erreicht wurden und die Variationsbreite mit 2,20 bis 4,60 in einem höheren Bereich liegt.

3.1.4 Emotionale Expressivität BEQ

In diesem Abschnitt erfolgt die deskriptive und graphische Darstellung der Variable *Emotionale Expressivität BEQ*.

Statistiken

Emotionale Expressivität BEQ

N	Gültig	99
	Fehlend	1
Mittelwert		2,6306
Median		2,7143
Modus		2,71
Std.-Abweichung		,53492
Varianz		,286
Minimum		1,29
Maximum		3,86

Tabelle 8: Statistik – Emotionale Expression BEQ

(Quelle: SPSS-Ausgabe)

Die Tabelle 8 zeigt, dass die Spannweite der Variable zwischen 1,29 und 3,86 liegt. Der häufigste Wert beträgt 2,71 und betrifft 15% der Studierenden (s.

Anlage 8). Wie in Anlage 8 zu sehen ist, erreichten 11 Personen einen Wert von 2,57 und 9 Personen einen Wert von 3,29. 50% der Stichprobe liegen jeweils links und rechts neben dem Wert 2,7143. Der durchschnittliche Wert beträgt 2,6306 mit einer Standardabweichung von rund 0,535. Jeweils eine Person erreichte den niedrigsten Wert von 1,29 und den höchsten Wert von 3,86 (s. Anlage 8). Das nachfolgende Balkendiagramm (s. Abbildung 6) zeigt die Häufigkeitsverteilung für die Variable „Emotionale Expressivität BEQ".

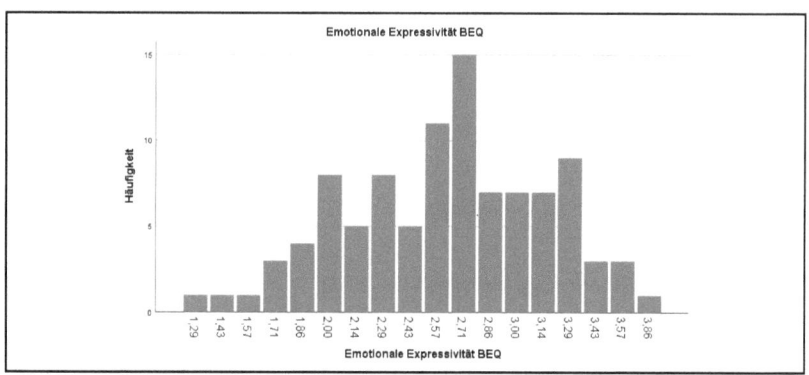

Abbildung 6: Balkendiagramm der Variable „Emotionale Expressivität"
(Quelle: SPSS- Ausgabe)

3.1.5 Summe Symptome PILL

Die letzte Variable der Häufigkeitsverteilung ist **Summe Symptome PILL** (s. Tabelle 9), die wie ihr Name schon vermuten lässt, die Anzahl der Symptome angibt. Auch für diese Variable machten 99 befragte Studierende gültige Angaben, wonach eine fehlende Angabe vorkommt. Die Range liegt zwischen 59,00 und 180,00. Der häufigste Wert beträgt 92,00 und betrifft 6% der Befragten (s. Anlage 9). Wie in Anlage 9 zu sehen ist, erreichten jeweils 4 Personen die Werte 85, 118 und 131. 50% der Stichprobe liegen jeweils links und rechts neben dem Wert 100,00. Der Durchschnittswert beträgt 103,909 mit einer Standardabweichung von rund 24,593. Jeweils eine Person erreichte den niedrigsten Wert von 59,00 und den Höchstwert von 180,00 (s. Anlage 9).

Statistiken

Summe Symptome PILL

N	Gültig	99
	Fehlend	1
Mittelwert		103,9091
Median		100,0000
Modus		92,00
Std.-Abweichung		24,59264
Varianz		604,798
Minimum		59,00
Maximum		180,00

Tabelle 9: Statistik-Summe Symptomen PILL

(Quelle: SPSS-Ausgabe)

Die nachfolgende Abbildung 7 zeigt die Häufigkeitsverteilung für die Variable.

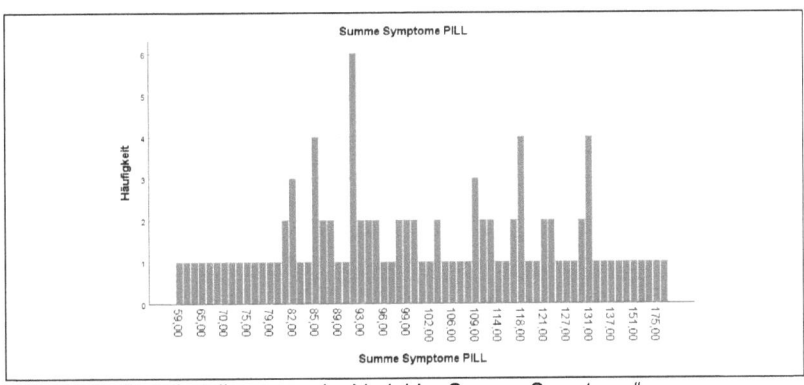

Abbildung 7: Balkendiagramm der Variable „Summe Symptome"
(Quelle: SPSS- Ausgabe)

3.2 Bivariate Korrelation

In diesem Abschnitt werden die Zusammenhänge der Merkmale Positive Affektivität (pa_g), Negative Affektivität (na_g) und Expressivität (beq_expr) sowie Summe Symptome (PILL_sum), untereinander, untersucht. Es erfolgt eine bivariate Korrelation in SPSS. Der SPSS-Befehl für die Analyse lautet: ANALYSIEREN-> KORRELATION-> BIVARIAT (Brosius, 2017, S.265).

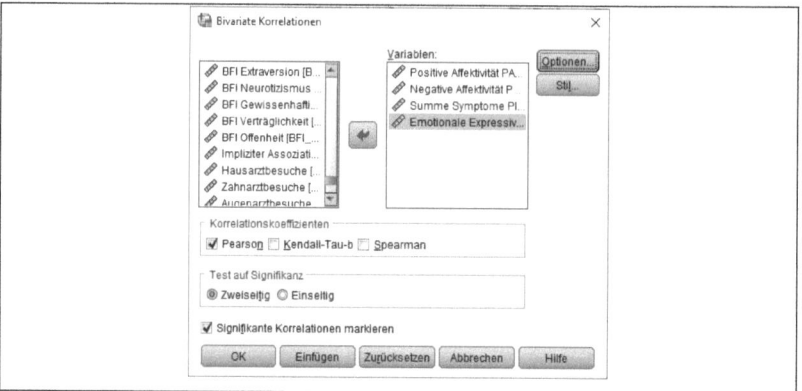

Abbildung 8: Dialogbox- Bivariate Korrelation

(Quelle: SPSS-Ausgabe)

Die Dialogbox „Bivariate Korrelationen" öffnet sich und die vier Variablen werden in das Testvariablenfeld verschoben. Die voreingestellten Markierungen, wie der „Pearson-Koeffizient", der „zweiseitige Test auf Signifikanz" und die „Markierung signifikanter Korrelationen" können übernommen werden. Die Berechnung startet durch bestätigen mit <OK>. SPSS berechnet nun für jedes Variablenpaar den Korrelationskoeffizienten nach Pearson (Bühl, 2016, S.427-428). In Tabelle 9 können die Ergebnisse der Korrelationsanalyse abgelesen werden. Würde sich ein Wert von r= -1 zeigen, könnte von einem perfekten, negativen, linearen Zusammenhang zwischen zwei Variablen gesprochen werden. Bei r= +1 wäre ein perfekter, positiver, linearer Zusammenhang vorhanden. Nähert sich der Korrelationskoeffizient dem Wert 0 an, ist von einer schwachen Korrelation der Variablen auszugehen. Keinerlei Korrelation besteht bei einem Wert von 0 (Kuckartz et al.,2013, S.212-213).

In der hiesigen Berechnung ergibt sich für die Variablen *Negative Affektivität PANAS* und *Summe Symptome PILL* ein Korrelationskoeffizient von r=0,373. Das entspricht einer eher schwachen, positiven Korrelation. Die Signifikanztestung ist mit p=0,000 statistisch bedeutsam (Leonhart, 2010, S,126-127). Dennoch ist die Korrelation plausibel, da je mehr depressive Stimmung oder Furcht eine Person hat, die Krankheitssymptomen zunehmen werden.

Korrelationen

		Positive Affektivität PANAS	Negative Affektivität PANAS	Summe Symptome PILL	Emotionale Expressivitä t BEQ
Positive Affektivität PANAS	Korrelation nach Pearson	1	,059	-,163	,256*
	Signifikanz (2-seitig)		,559	,108	,010
	N	99	99	99	99
Negative Affektivität PANAS	Korrelation nach Pearson	,059	1	,373**	-,162
	Signifikanz (2-seitig)	,559		,000	,110
	N	99	99	99	99
Summe Symptome PILL	Korrelation nach Pearson	-,163	,373**	1	-,038
	Signifikanz (2-seitig)	,108	,000		,709
	N	99	99	99	99
Emotionale Expressivität BEQ	Korrelation nach Pearson	,256*	-,162	-,038	1
	Signifikanz (2-seitig)	,010	,110	,709	
	N	99	99	99	99

Tabelle 10: Ergebnistabelle der Korrelation nach Pearson

(Quelle: SPSS-Ausgabe)

Die Variable *Positive Affektivität PANAS* weist mit der *Summe Symptome PILL* einen Korrelationskoeffizienten von r= - 0,163 auf. Es besteht folglich eine geringe, negative Korrelation zwischen den zwei Variablen. Der Zusammenhang, wenn auch sehr schwach, ist plausibel. Denn je glücklicher und positiver eine Person ist, desto weniger Krankheitssymptome wird sie haben. Außerdem kann eine positive, signifikante Korrelation mit p=0,010 zwischen den Variablen Positiver Affektivität PANAS und Emotionaler Expression BEQ abgelesen werden.

3.3 Multiple lineare Regression

Die multiple lineare Regression (MLR) ist ein Verfahren, das ein Modell mit Prädiktorvariablen (PV) bildet, die zur Vorhersage einer Kriteriumsvariablen (KV) genutzt werden (Budischewski; Kriens, 2015, S.105). In diesem Beispiel werden die Variablen *Positive und Negative Affektivität PANAS* und *Emotionale Expressivität BEQ*, die zur Vorhersage der Anzahl der *Summe Symptome PILL* herangezogen und untersucht, welche Merkmale einen signifikanten Beitrag zur Vorhersage leisten. Die MLR wird durch den SPSS-Befehl: ANALYSIEREN-> REGRESSSION->LINEAR gestartet. Es öffnet sich das Hauptfenster (s. Abbildung 9), indem die Variablen ausgewählt werden können (Leonhart, 2010, S.196).

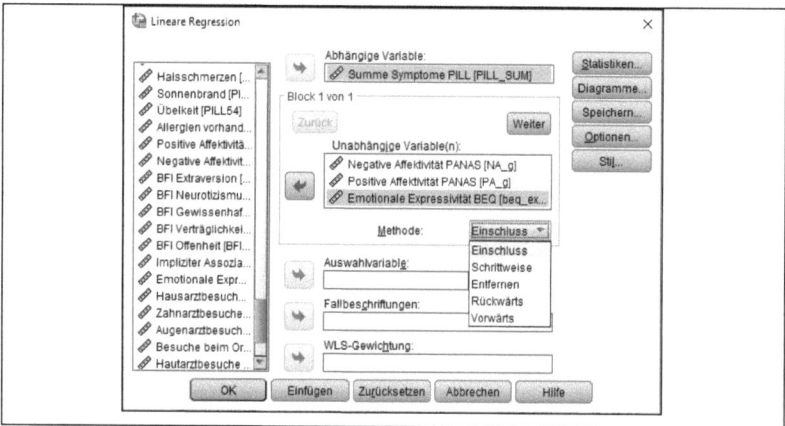

Abbildung 9: Dialogbox-Lineare Regression
(Quelle: SPSS-Ausgabe)

Durch klicken auf den Button <Statistiken> (s. Abbildung 10), sollten jeweils Häkchen bei „Schätzungen", „Anpassungsgüte des Modells" und „Änderungen im R-Quadrat" gesetzt werden. Zurück mit <WEITER> zum Hauptfenster und bei „Methode: EINSCHLUSS" auswählen. Durch diese Auswahl berechnet SPSS alle Prädiktorvariablen auf einmal und nicht schrittweise (Leonhart, 2010, S.196).

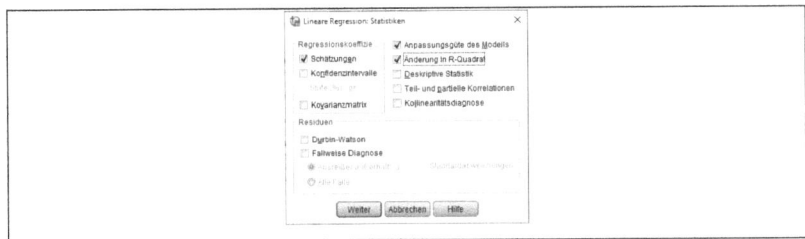

Abbildung 10: Lineare Regression – Statistiken

(Quelle: SPSS-Ausgabe)

Nach bestätigen mit <OK> startet SPSS dann die Berechnungen. Im ersten Ausgabefenster erscheinen die aufgenommenen Variablen des Modells (s. Anlage 9). In der nachfolgenden Tabelle 11 erscheint die sogenannte Modellzusammenfassung, worin die Ergebnisse übersichtlich dargestellt werden (Budischewski; Kriens, 2015, S.106- 108).

Modellzusammenfassung

| | | | | Statistikwerte ändern | | | | |
Mode ll	R	Korrigierte R- Quadrat	Standardf s R- ehler des Quadrat Schätzers	Änderung in R- Quadrat	Änderung in F	df1	df2	Sig. Änderung in F
1	,423ᵃ	,179	,153 22,62743	,179	6,921	3	95	,000

Tabelle 11: Modellzusammenfassung der MLR

(Quelle: SPSS-Ausgabe)

Zur Beurteilung der Modellgüte (s. Tabelle 12) sollte das korrigierte R-Quadrat (R^2) herangezogen werden, da mit Zunahme der PV das normale R^2 ansteigt. Das heißt, dass das korrigierte R-Quadrat 15,3% der Varianz der AV erklärt (Eid; Gollwitzer; Schmitt, 2017, S.646).

ANOVAᵃ

Modell		Quadratsumm e	df	Mittel der Quadrate	F	Sig.
1	Regression	10630,145	3	3543,382	6,921	,000ᵇ
	Nicht standardisierte Residuen	48640,037	95	512,000		
	Gesamt	59270,182	98			

Tabelle 12: ANOVA- Tabelle der MLR

(Quelle: SPSS-Ausgabe)

Die ANOVA-Tabelle (s. Tabelle 12) sollte einen Signifikanzwert von <0,05 ausweisen, um einen Erklärungsbeitrag für das Regressionsmodell zu leisten. Im vorliegenden Beispiel ist die Signifikanz 0,000 und somit statistisch bedeutsam. Der multiple Korrelationskoeffizient „R" beschreibt, wie die drei PV insgesamt mit der KV *Summe Symptome* korrelieren. In dieser Auswertung hat das Bestimmtheitsmaß R-Quadrat den Wert 0,179 und ist damit sehr niedrig. Die erklärenden Persönlichkeitsmerkmale sind daher weniger in der Lage, die *Summe Symptome* zu erklären. Generell sollte nicht automatisch bei einem hohen R-Quadrat auf einen kausalen Zusammenhang zwischen den PV und der KV geschlossen werden. Ein hohes Ergebnis besagt, dass die Variablen korrelieren und die Werte der UV relativ zuverlässige Rückschlüsse auf die Werte der AV ermöglichen (Brosius, 2017, S.274-275). Der einflussreichste Faktor (s. Tabelle 13) in diesem Modell ist in der Analyse die Variable *Negative Affektivität PANAS* mit β=0,398. Der geringste Einfluss geht von der Variable *Emotionale Expressivität BEQ* mit β=0,079 aus (Hanna; Dempster, 2017, S.225).

Koeffizienten[a]

Modell		Nicht standardisierte Koeffizienten		Standardisierte Koeffizienten		
		Regressions koeffizientB	Std.-Fehler	Beta	T	Sig.
1	(Konstante)	102,055	20,357		5,013	,000
	Positive Affektivität PANAS	-11,453	5,357	-,207	-2,138	,035
	Negative Affektivität PANAS	17,538	4,169	,398	4,207	,000
	Emotionale Expressivität BEQ	3,650	4,497	,079	,812	,419

Tabelle 13: Ergebnisse der Koeffizienten der MLR

(Quelle: SPSS-Ausgabe)

Weiterhin geben der t-Wert und der Signifikanzwert an, ob die UVs signifikante Prädiktoren der AV sind. Der PV *Negative Affektivität PANAS* ist mit den Werten t=4,207 und p=0,000 ein signifikanter Prädiktor für die AV *Summe Symptome PILL*. Außerdem ist zu erkennen, dass wenn die Variable *Positive Affektivität PANAS* um eine Einheit steigt, die *Summe Symptome PILL*, um -11,453

Einheiten sinkt. Das heißt je glücklicher und zufriedener eine Person ist, desto weniger Krankheitssymptome wird sie haben. Das ist plausibel. Die *Negative Affektivität PANAS* weist einen Wert von 17,538 auf, das bedeutet, das eine Person mit zunehmender Traurigkeit und Depressivität mehr Krankheitssymptome berichten wird. Die Variable Emotionale Expressivität weist kein signifikantes Ergebnis auf und wird daher nicht näher erläutert (Raab-Steiner; Benesch, 2015, S.155).

3.4 Fazit

Abschließend kann zusammengefasst werden, dass die Befragung von 100 Studenten, wonach es mehr weibliche Teilnehmer gab (71%) und das Durchschnittsalter der Befragten bei 24 Jahren lag, ein Zusammenhang zwischen den Stimmungszuständen und der Summe der Krankheitssymptome gibt. Beide Gefühlszustände können daher eine Vorhersage auf die Summe der Symptome leisten, da sich positiv-affektive Zustände eher symptomreduzierend auswirken und negative Gefühle hingegen einen Symptomanstieg verursachen. Die Emotionale Expressivität zeigt keinen statistisch bedeutsamen Zusammenhang, zu der Variable, „Summe Symptome".

Literaturverzeichnis

Backhaus, K.; Erichson, B.; Plinke, W.; Weiber, R. (2018): Multivariate Analysemethoden: Springer Berlin Heidelberg.

Bortz, J.; Schuster, Ch. (2016): Statistik für Human- und Sozialwissenschaftler. Extras online. Limitierte Sonderausgabe, 7., vollständig überarb. u. erweiterte Auflage. Berlin, Heidelberg: Springer.

Brosius, F. (2017): SPSS 24 für Dummies. 1. Auflage. Weinheim: Wiley-VCH Verlag GmbH & Co. KGaA.

Budischewski, K.; Kriens, K. (2015): SPSS für Einsteiger. Einführung in die Statistiksoftware für die Psychologie. 1. Aufl. Weinheim: Beltz.

Bühl, A. (2016): SPSS 23. Einführung in die moderne Datenanalyse. 15., aktualisierte Auflage. Hallbergmoos: Pearson Deutschland GmbH.

Eid, M.; Gollwitzer, M.; Schmitt, M. (2017): Statistik und Forschungsmethoden. Mit Online-Materialien. 5., korrigierte Auflage. Weinheim, Basel: Beltz.

Hanna, D.; Dempster, M. (2017): Statistik für Psychologen für Dummies. 1. Auflage. Weinheim: Wiley-VCH Verlag GmbH & Co. KGaA.

Hussy, W.; Schreier, M.; Echterhoff, G. (2013): Forschungsmethoden in Psychologie und Sozialwissenschaften für Bachelor. 2., überarb. Aufl. Berlin: Springer.

Kuckartz, U.; Rädiker, St.; Ebert, Th.; Schehl, J. (2013): Statistik. Eine verständliche Einführung. 2., überarbeitete Auflage. Wiesbaden: Springer.

Leonhart, R. (2010): Datenanalyse mit SPSS. Göttingen: Hogrefe.

Leonhart, R. (2017): Lehrbuch Statistik. Einstieg und Vertiefung. Unter Mitarbeit von Angela C. Hoelzenbein, Stephanie Lichtenberg, Katrin Schornstein und Jana Groß. 4., überarb. und erweiterte Auflage. Bern: Hogrefe Verlag.

Raab-Steiner, E.; Benesch, M.I (2015): Der Fragebogen. Von der Forschungsidee zur SPSS/PASW Auswertung. 4., aktual. u. überarb. Aufl. Stuttgart: UTB.

Rasch, B.; Friese, M.; Hofmann, W.; Naumann, E. (2014): Quantitative Methoden 1. Einführung in die Statistik für Psychologen und Sozialwissenschaftler. 4., überarb. Aufl. Berlin: Springer.

Rasch, B.; Friese, M.; Hofmann, W.; Naumann, E. (2014): Quantitative Methoden 2. Einführung in die Statistik für Psychologen und Sozialwissenschaftler. 4., überarb. Aufl. Berlin: Springer.

Schäfer, Th. (2016): Methodenlehre und Statistik. Einführung in Datenerhebung, deskriptive Statistik und Inferenzstatistik. Wiesbaden: Springer.

Wittchen, H.-J.; Hoyer, J. (2011): Klinische Psychologie & Psychotherapie. 2. Auflage. Berlin/Heidelberg: Springer Verlag.

Anlagen

Anlage 1: Übersicht der Zwischensubjektfaktoren

Quelle: SPSS-Ausgabe

Zwischensubjektfaktoren

		Wertelabel	N
Geschlecht	1	männlich	29
	2	weiblich	71
Studienfach	1,00	Psychologie	33
	2,00	Mathematik	22
	3,00	Sport	27
	4,00	Sonstiges	18
2 Altersgruppen	1,00	unter 25 Jahren	68
	2,00	25 Jahre und älter	32

Anlage 2: Deskriptive Statistik der AV (BFI Gewissenhaftigkeit)

Quelle: SPSS-Ausgabe

Deskriptive Statistiken

Abhängige Variable: BFI Gewissenhaftigkeit

Geschlecht	Studienfach	2 Altersgruppen	Mittelwert	Std.-Abweichung	N
männlich	Psychologie	unter 25 Jahren	5,5000	,70711	2
		25 Jahre und älter	4,3333	,47140	2
		Gesamt	4,9167	,83333	4
	Mathematik	unter 25 Jahren	4,8333	,70711	2
		25 Jahre und älter	4,9167	,99536	4
		Gesamt	4,8889	,83444	6
	Sport	unter 25 Jahren	4,5000	,43033	4
		25 Jahre und älter	5,0000	,97183	5
		Gesamt	4,7778	,78174	9
	Sonstiges	unter 25 Jahren	5,0476	,62148	7
		25 Jahre und älter	4,3333	,57735	3
		Gesamt	4,8333	,67128	10
	Gesamt	unter 25 Jahren	4,9333	,61978	15
		25 Jahre und älter	4,7381	,82874	14
		Gesamt	4,8391	,72166	29
weiblich	Psychologie	unter 25 Jahren	4,6111	,65693	24
		25 Jahre und älter	4,6000	,27889	5
		Gesamt	4,6092	,60467	29

	Mathematik	unter 25 Jahren	4,8333	,95950	8
		25 Jahre und älter	4,6250	,48591	8
		Gesamt	4,7292	,74256	16
	Sport	unter 25 Jahren	4,6875	,41220	16
		25 Jahre und älter	5,5000	,70711	2
		Gesamt	4,7778	,49836	18
	Sonstiges	unter 25 Jahren	5,2000	,86923	5
		25 Jahre und älter	4,8889	,50918	3
		Gesamt	5,0833	,72921	8
	Gesamt	unter 25 Jahren	4,7233	,67221	53
		25 Jahre und älter	4,7593	,50882	18
		Gesamt	4,7324	,63150	71
Gesamt	Psychologie	unter 25 Jahren	4,6795	,68948	26
		25 Jahre und älter	4,5238	,32530	7
		Gesamt	4,6465	,62882	33
	Mathematik	unter 25 Jahren	4,8333	,87841	10
		25 Jahre und älter	4,7222	,66414	12
		Gesamt	4,7727	,75162	22
	Sport	unter 25 Jahren	4,6500	,41146	20
		25 Jahre und älter	5,1429	,87891	7
		Gesamt	4,7778	,59197	27
	Sonstiges	unter 25 Jahren	5,1111	,70113	12
		25 Jahre und älter	4,6111	,57413	6
		Gesamt	4,9444	,68837	18
	Gesamt	unter 25 Jahren	4,7696	,66232	68
		25 Jahre und älter	4,7500	,65583	32
		Gesamt	4,7633	,65699	100

Anlage 3: Geschätzte Randmittel Geschlecht/ Studienfach/ 2 Altersgruppen

Quelle: SPSS-Ausgabe

Geschlecht * Studienfach * 2 Altersgruppen

Abhängige Variable: BFI Gewissenhaftigkeit

					95%-Konfidenzintervall	
Geschlecht	Studienfach	2 Altersgruppen	Mittelwert	Standard Fehler	Untergrenze	Obergrenze
männlich	Psychologie	unter 25 Jahren	5,500	,466	4,574	6,426
		25 Jahre und älter	4,333	,466	3,407	5,259
	Mathematik	unter 25 Jahren	4,833	,466	3,907	5,759

36

		25 Jahre und älter	4,917	,329	4,262	5,572
	Sport	unter 25 Jahren	4,500	,329	3,845	5,155
		25 Jahre und älter	5,000	,295	4,414	5,586
	Sonstiges	unter 25 Jahren	5,048	,249	4,553	5,543
		25 Jahre und älter	4,333	,380	3,577	5,089
weiblich	Psychologie	unter 25 Jahren	4,611	,134	4,344	4,878
		25 Jahre und älter	4,600	,295	4,014	5,186
	Mathematik	unter 25 Jahren	4,833	,233	4,370	5,296
		25 Jahre und älter	4,625	,233	4,162	5,088
	Sport	unter 25 Jahren	4,688	,165	4,360	5,015
		25 Jahre und älter	5,500	,466	4,574	6,426
	Sonstiges	unter 25 Jahren	5,200	,295	4,614	5,786
		25 Jahre und älter	4,889	,380	4,133	5,645

Anlage 4: Häufigkeitstabelle für die Variable <Geschlecht>

Quelle: SPSS-Ausgabe

Geschlecht

		Häufigkeit	Prozent	Gültige Prozente	Kumulierte Prozente
Gültig	männlich	29	29,0	29,0	29,0
	weiblich	71	71,0	71,0	100,0
	Gesamt	100	100,0	100,0	

Anlage 5: Häufigkeitstabelle für die Variable <Alter>

Quelle: SPSS-Ausgabe

Alter

		Häufigkeit	Prozent	Gültige Prozente	Kumulierte Prozente
Gültig	18	1	1,0	1,0	1,0
	19	5	5,0	5,0	6,0
	20	19	19,0	19,0	25,0

	Häufigkeit	Prozent	Gültige Prozente	Kumulierte Prozente
21	15	15,0	15,0	40,0
22	11	11,0	11,0	51,0
23	8	8,0	8,0	59,0
24	9	9,0	9,0	68,0
25	6	6,0	6,0	74,0
26	4	4,0	4,0	78,0
27	2	2,0	2,0	80,0
28	5	5,0	5,0	85,0
29	3	3,0	3,0	88,0
30	1	1,0	1,0	89,0
31	2	2,0	2,0	91,0
33	2	2,0	2,0	93,0
34	2	2,0	2,0	95,0
37	1	1,0	1,0	96,0
38	1	1,0	1,0	97,0
42	1	1,0	1,0	98,0
53	1	1,0	1,0	99,0
55	1	1,0	1,0	100,0
Gesamt	100	100,0	100,0	

Anlage 6: Häufigkeitstabelle für die Variable <Positive Affektivität PANAS>

Quelle: SPSS-Ausgabe

Positive Affektivität PANAS

		Häufigkeit	Prozent	Gültige Prozente	Kumulierte Prozente
Gültig	2,20	1	1,0	1,0	1,0
	2,30	1	1,0	1,0	2,0
	2,50	1	1,0	1,0	3,0
	2,60	4	4,0	4,0	7,1
	2,80	6	6,0	6,1	13,1
	2,89	1	1,0	1,0	14,1
	2,90	2	2,0	2,0	16,2
	3,00	8	8,0	8,1	24,2
	3,10	6	6,0	6,1	30,3
	3,20	8	8,0	8,1	38,4
	3,30	10	10,0	10,1	48,5
	3,40	2	2,0	2,0	50,5
	3,50	11	11,0	11,1	61,6
	3,60	8	8,0	8,1	69,7
	3,70	12	12,0	12,1	81,8

		Häufigkeit	Prozent	Gültige Prozente	Kumulierte Prozente
	3,80	4	4,0	4,0	85,9
	3,90	7	7,0	7,1	92,9
	4,00	3	3,0	3,0	96,0
	4,10	1	1,0	1,0	97,0
	4,20	2	2,0	2,0	99,0
	4,60	1	1,0	1,0	100,0
	Gesamt	99	99,0	100,0	
Fehlend	System	1	1,0		
Gesamt		100	100,0		

Anlage 7: Häufigkeitstabelle für die Variable <Negative Affektivität PANAS>
Quelle: SPSS-Ausgabe

Negative Affektivität PANAS

		Häufigkeit	Prozent	Gültige Prozente	Kumulierte Prozente
Gültig	1,00	3	3,0	3,0	3,0
	1,10	7	7,0	7,1	10,1
	1,20	8	8,0	8,1	18,2
	1,30	8	8,0	8,1	26,3
	1,40	7	7,0	7,1	33,3
	1,50	11	11,0	11,1	44,4
	1,60	6	6,0	6,1	50,5
	1,70	9	9,0	9,1	59,6
	1,80	4	4,0	4,0	63,6
	1,90	4	4,0	4,0	67,7
	2,00	2	2,0	2,0	69,7
	2,10	6	6,0	6,1	75,8
	2,20	5	5,0	5,1	80,8
	2,30	5	5,0	5,1	85,9
	2,40	4	4,0	4,0	89,9
	2,50	1	1,0	1,0	90,9
	2,60	2	2,0	2,0	92,9
	2,70	1	1,0	1,0	93,9
	2,80	3	3,0	3,0	97,0
	3,20	2	2,0	2,0	99,0
	3,90	1	1,0	1,0	100,0
	Gesamt	99	99,0	100,0	
Fehlend	System	1	1,0		
Gesamt		100	100,0		

Anlage 8: Häufigkeitstabelle für die Variable <Emotionale Expressivität BEQ>

Quelle: SPSS-Ausgabe

Emotionale Expressivität BEQ

		Häufigkeit	Prozent	Gültige Prozente	Kumulierte Prozente
Gültig	1,29	1	1,0	1,0	1,0
	1,43	1	1,0	1,0	2,0
	1,57	1	1,0	1,0	3,0
	1,71	3	3,0	3,0	6,1
	1,86	4	4,0	4,0	10,1
	2,00	8	8,0	8,1	18,2
	2,14	5	5,0	5,1	23,2
	2,29	8	8,0	8,1	31,3
	2,43	5	5,0	5,1	36,4
	2,57	11	11,0	11,1	47,5
	2,71	15	15,0	15,2	62,6
	2,86	7	7,0	7,1	69,7
	3,00	7	7,0	7,1	76,8
	3,14	7	7,0	7,1	83,8
	3,29	9	9,0	9,1	92,9
	3,43	3	3,0	3,0	96,0
	3,57	3	3,0	3,0	99,0
	3,86	1	1,0	1,0	100,0
	Gesamt	99	99,0	100,0	
Fehlend	System	1	1,0		
Gesamt		100	100,0		

Anlage 9: Häufigkeitstabelle für die Variable <Summe Symptome PILL>

Quelle: SPSS-Aufgabe

Summe Symptome PILL

		Häufigkeit	Prozent	Gültige Prozente	Kumulierte Prozente
Gültig	59,00	1	1,0	1,0	1,0
	60,00	1	1,0	1,0	2,0
	63,00	1	1,0	1,0	3,0
	65,00	1	1,0	1,0	4,0
	66,00	1	1,0	1,0	5,1
	69,00	1	1,0	1,0	6,1
	70,00	1	1,0	1,0	7,1
	72,00	1	1,0	1,0	8,1

73,00	1	1,0	1,0	9,1
75,00	1	1,0	1,0	10,1
76,00	1	1,0	1,0	11,1
78,00	1	1,0	1,0	12,1
79,00	1	1,0	1,0	13,1
80,00	1	1,0	1,0	14,1
81,00	2	2,0	2,0	16,2
82,00	3	3,0	3,0	19,2
83,00	1	1,0	1,0	20,2
84,00	1	1,0	1,0	21,2
85,00	4	4,0	4,0	25,3
86,00	2	2,0	2,0	27,3
87,00	2	2,0	2,0	29,3
89,00	1	1,0	1,0	30,3
90,00	1	1,0	1,0	31,3
92,00	6	6,0	6,1	37,4
93,00	2	2,0	2,0	39,4
94,00	2	2,0	2,0	41,4
95,00	2	2,0	2,0	43,4
96,00	1	1,0	1,0	44,4
97,00	1	1,0	1,0	45,5
98,00	2	2,0	2,0	47,5
99,00	2	2,0	2,0	49,5
100,00	2	2,0	2,0	51,5
101,00	1	1,0	1,0	52,5
102,00	1	1,0	1,0	53,5
104,00	2	2,0	2,0	55,6
105,00	1	1,0	1,0	56,6
106,00	1	1,0	1,0	57,6
107,00	1	1,0	1,0	58,6
108,00	1	1,0	1,0	59,6
109,00	3	3,0	3,0	62,6
112,00	2	2,0	2,0	64,6
113,00	2	2,0	2,0	66,7
114,00	1	1,0	1,0	67,7
115,00	1	1,0	1,0	68,7
117,00	2	2,0	2,0	70,7
118,00	4	4,0	4,0	74,7
119,00	1	1,0	1,0	75,8
120,00	1	1,0	1,0	76,8
121,00	2	2,0	2,0	78,8

	124,00	2	2,0	2,0	80,8
	125,00	1	1,0	1,0	81,8
	127,00	1	1,0	1,0	82,8
	128,00	1	1,0	1,0	83,8
	130,00	2	2,0	2,0	85,9
	131,00	4	4,0	4,0	89,9
	133,00	1	1,0	1,0	90,9
	134,00	1	1,0	1,0	91,9
	137,00	1	1,0	1,0	92,9
	141,00	1	1,0	1,0	93,9
	149,00	1	1,0	1,0	94,9
	151,00	1	1,0	1,0	96,0
	157,00	1	1,0	1,0	97,0
	160,00	1	1,0	1,0	98,0
	175,00	1	1,0	1,0	99,0
	180,00	1	1,0	1,0	100,0
	Gesamt	99	99,0	100,0	
Fehlend	System	1	1,0		
Gesamt		100	100,0		

Anlage 10: Aufgenommene Variablen im Modell

Quelle: SPSS-Ausgabe

Aufgenommene/Entfernte Variablen[a]

Modell	Aufgenommene Variablen	Entfernte Variablen	Methode
1	Emotionale Expressivität BEQ, Negative Affektivität PANAS, Positive Affektivität PANAS[b]	.	Einschluß

a. Abhängige Variable: Summe Symptome PILL

b. Alle gewünschten Variablen wurden eingegeben.

BEI GRIN MACHT SICH IHR WISSEN BEZAHLT

- Wir veröffentlichen Ihre Hausarbeit,
  Bachelor- und Masterarbeit

- Ihr eigenes eBook und Buch -
  weltweit in allen wichtigen Shops

- Verdienen Sie an jedem Verkauf

Jetzt bei www.GRIN.com hochladen
und kostenlos publizieren